Impressum
Verlag: BABADADA GmbH, Nedderfeld 112 , 22529 Hamburg
Geschäftsführer / Verlagsleitung: Harald Hof
Druck: Books on Demand GmbH, In de Tarpen 42, 22848 Norderstedt

Imprint
Publisher: BABADADA GmbH, Nedderfeld 112 , 22529 Hamburg, Germany
Managing Director / Publishing direction: Harald Hof
Print: Books on Demand GmbH, In de Tarpen 42, 22848 Norderstedt, Germany

1

Schule
škola

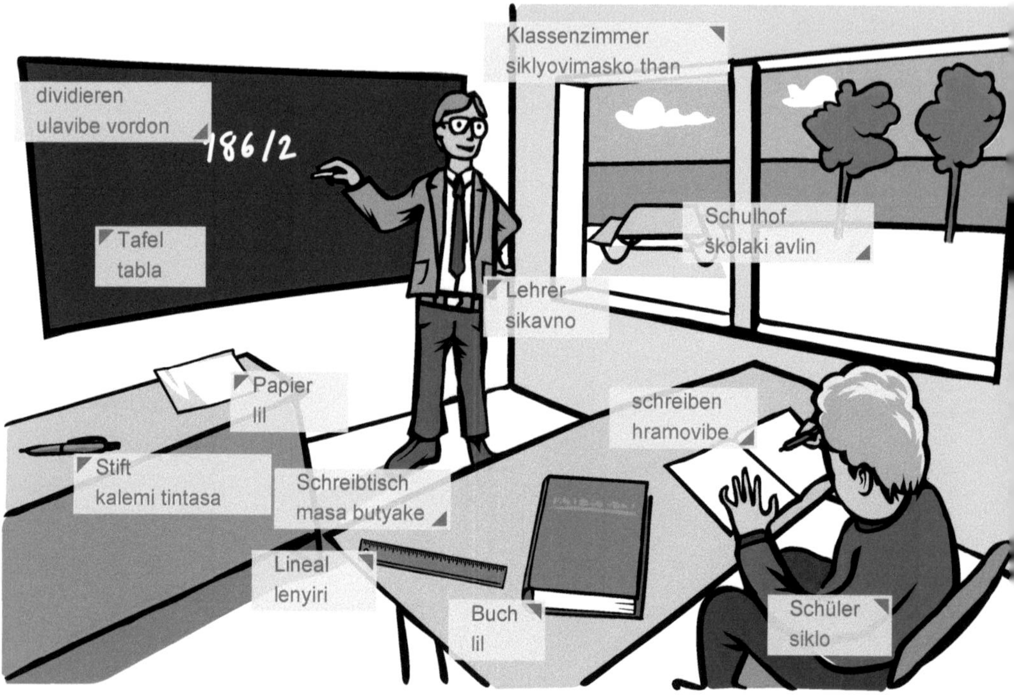

Klassenzimmer
siklyovimasko than
dividieren
ulavibe vordon
186/2
Tafel
tabla
Schulhof
školaki avlin
Lehrer
sikavno
Papier
lil
schreiben
hramovibe
Stift
kalemi tintasa
Schreibtisch
masa butyake
Lineal
lenyiri
Buch
lil
Schüler
siklo

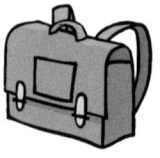

Ranzen

dumeski tašna

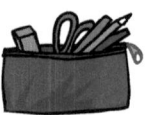

Federmappe

kalemengi kutia

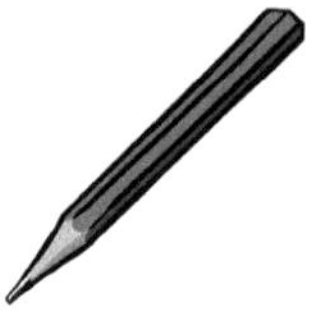

Bleistift

kalemi

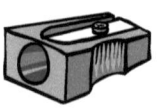

Bleistiftanspitzer

kalemengi čhurori

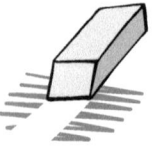

Radiergummi

kosimaski guma

Zeichenblock

čitrimasko bloko

Zeichnung

čitribe

Pinsel

boyimaski frča

Malkasten

boyimaski kutia

Schere

kata

Klebstoff

lepako

Übungsheft

bukjardarimasko lil

Hausaufgabe

khereski buti

12

Zahl

gendo

2+2

addieren

džide

5-2

subtrahieren

ikal

2×2

multiplizieren

multiplicirin

rechnen

kalkulirin

A

Buchstabe

hramome lil

ABCDEFG
HIJKLMN
OPQRSTU
VWXYZ

Alphabet

alfabeta

hello

Wort

lafo

Text
teksti

lesen
drabaribe

Kreide
kreda

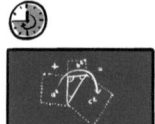

Stunde
lekciya

Klassenbuch
Klasesko registro

Prüfung
egzameni

Zeugnis
sertifikato

Schuluniform
školaki uniforma

Ausbildung
edukacia

Lexikon
enciklopedia

Universität
univerziteto

Mikroskop
mikroskopo

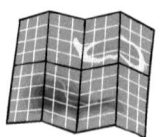

Karte
mapa

Papierkorb
korpa čhudimaske lila

4   Schule - škola

Reise
dromaripe

Hotel
hoteli
Grand
Herberge
Lačhi blevel!
ROOMS
Wechselstube
biro baši devize
EXCHANGE
Koffer
koferi
Auto
vordon

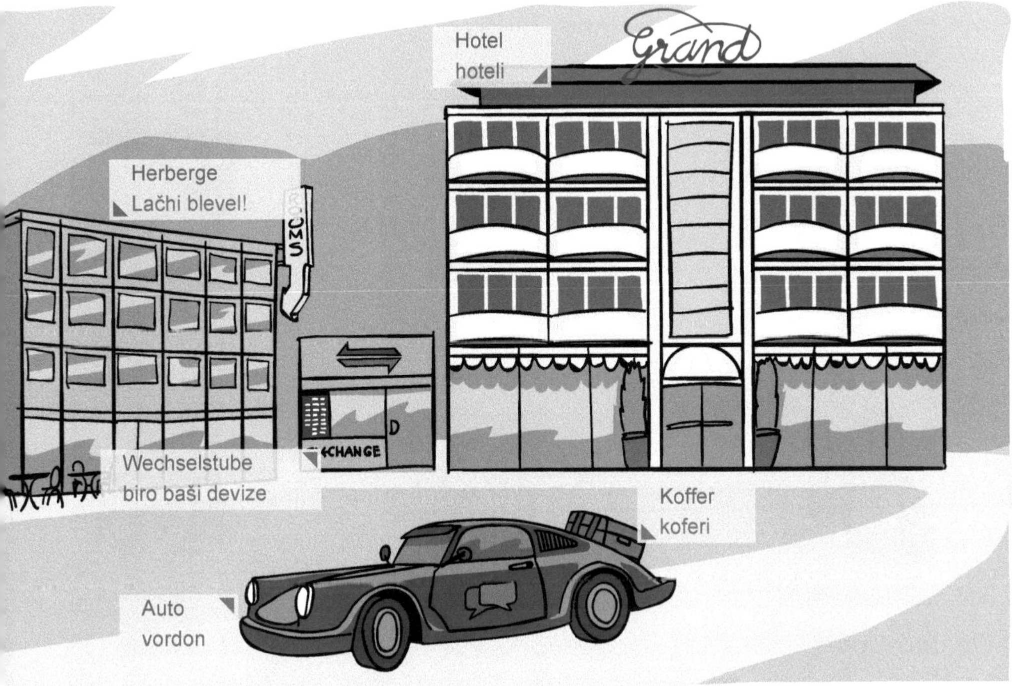

Sprache

ćhib

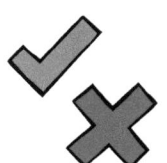

ja / nein

va / na

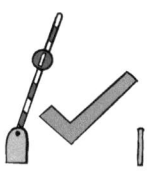

Okay

Okay

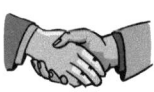

Hallo

Namaste

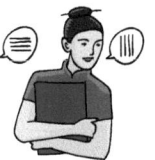

Übersetzer

tumači

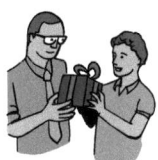

Danke

Ov sasto

Was kostet...?

Kozom si...?

Ich verstehe nicht

Na havava

Problem

problemo

Guten Abend!

Lаčhi rat!

Guten Morgen!

Lаčhi javin!

Gute Nacht!

Lаčhi rat!

Auf Wiedersehen

ačhon Devlesa

Richtung

dromeski sikavin

Gepäck

bagaži

Tasche

gono

Rucksack

dumesko gono

Gast

misafiri

Zimmer

kamara

Schlafsack

sovimasko gono

Zelt

cerha

Touristeninformation

turistikani informacia

Strand

plaža

Kreditkarte

kreditno kartica

Frühstück

javinako habe

Mittagessen

kušluko

Abendessen

ratyako habe

Fahrkarte

karta

Fahrstuhl

elevatori

Briefmarke

marka

Grenze

simantra

Zoll

adetia

Botschaft

ambasada

Visum

viza

Pass

pašaporti

Transport
transporti

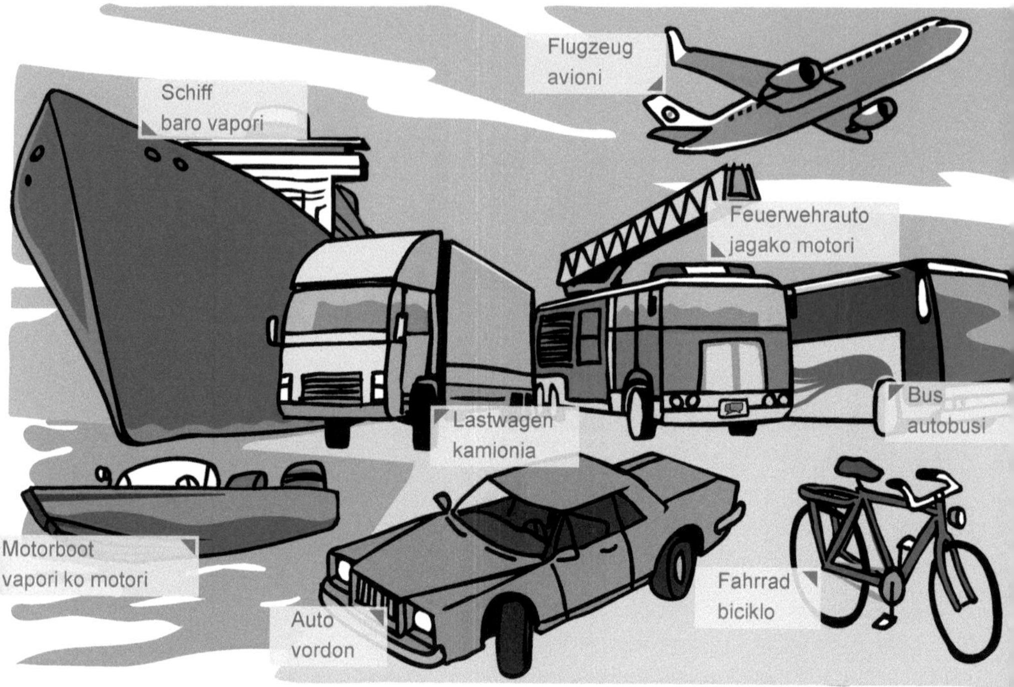
Flugzeug
avioni
Schiff
baro vapori
Feuerwehrauto
jagako motori
Bus
autobusi
Lastwagen
kamionia
Motorboot
vapori ko motori
Fahrrad
biciklo
Auto
vordon

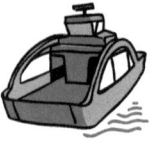

Fähre

feri vapori

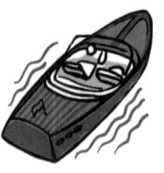

Boot

vapori

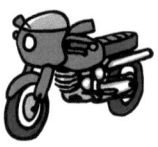

Motorrad

motorciklo

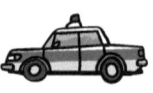

Polizeiauto

policiako vordon

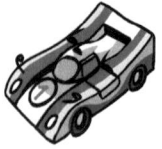

Rennauto

prastamasko vordon

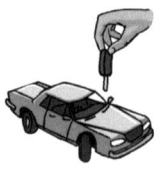

Mietwagen

rentakar

Carsharing

ulavibe vordon

Abschleppwagen

rumosardo kamioni

Müllauto

kamionengo than

Motor

motori

Kraftstoff

petroli

Tankstelle

petrolesko stasioni

Verkehrsschild

trafikoskere išaretia

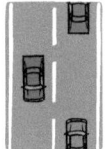

Verkehr

trafiko

Stau

baro trafiko

Parkplatz

vordonesko parkirimasko than

Bahnhof

pampurengo stasioni

Schienen

kamionia

Zug

pampuri

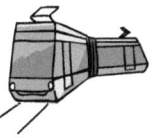

Straßenbahn

tramvaj

Wagon

vagoni

Helikopter

helikopteri

Flughafen

aeroporti

Tower

kula

Passagier

dromarutno

Container

kontejneri

Karton

kartoni

Karren

vordonoro

Korb

sevli

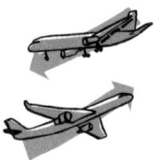

starten / landen

urjalipasko starto /
urjalipasko agor

Stadt
diz

Dorf

gav

Stadtzentrum

dizyako centro

Haus

kher

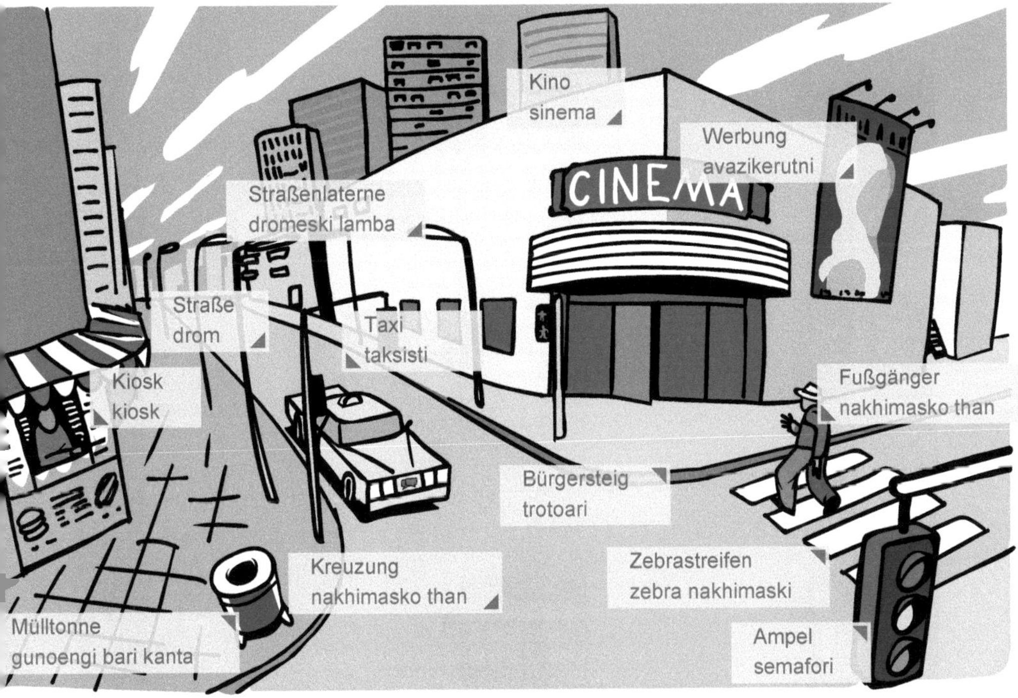

Kino
sinema

Werbung
avazikerutni

Straßenlaterne
dromeski lamba

Straße
drom

Taxi
taksisti

CINEMA

Kiosk
kiosk

Fußgänger
nakhimasko than

Bürgersteig
trotoari

Kreuzung
nakhimasko than

Zebrastreifen
zebra nakhimaski

Mülltonne
gunoengi bari kanta

Ampel
semafori

Hütte
....
koliba

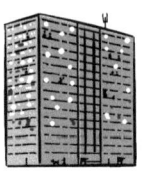

Wohnung
....
apartmani

Bahnhof
....
pampurengo stasioni

Rathaus
....
dizyaki sala

Museum
....
muzeji

Schule
....
škola

Universität

univerziteto

Bank

banka

Krankenhaus

hospitalo

Hotel

hoteli

Apotheke

apoteka

Büro

ofiso

Buchhandlung

lil bikinimasko than

Geschäft

dukyano

Blumenladen

lulugengo bikinutno

Supermarkt

supermarket

Markt

kurko

Kaufhaus

baro bikinimasko kher

Fischhändler

mačhengo astarutno

Einkaufszentrum

kinimasko centro

Hafen

vaporengo ačhovimasko than

Park

parko

Bank

klupa

Brücke

purt

Treppe

merdevenya

U-Bahn

metro stasioni

Tunnel

tuneli

Bushaltestelle

autobuseski adžikerin

Bar

bar

Restaurant

restorani

Briefkasten

poštako mohto

Straßenschild

dromesko išareti

Parkuhr

parking than

Zoo

zoo

Badeanstalt

nangyovimasko bazeni

Moschee

džamiya

Bauernhof
....
farma

Umweltverschmutzung
....
melalipe

Friedhof
....
limorengo than

Kirche
....
khangeri

Spielplatz
....
khelimasko than

Tempel
....
hramo

Landschaft
pejzaži

Blatt
patrin

Wegweiser
išareti

Weg
drom

Wiese
livazin

Stein
bar

Baum
kašt

Wanderer
phiravno

Fluss
len

Gras
čar

Blume
luludi

Tal
harno than

Berg
bairi

See
devrijal

Wald
veš

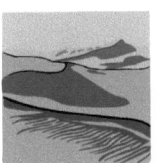

Wüste
mulano than

Vulkan
vulkano

Schloss
saraji

Regenbogen
renkali badalin

Pilz
gaba

Palme
palma kašt

Moskito
sivrija

Fliege
mak

Ameise
karandža

Biene
birumni

Spinne
pauko

Käfer

buba

Frosch

žamba

Eichhörnchen

ververica

Igel

kanzauri

Hase

šošoj

Eule

buf

Vogel

pakšin

Schwan

lebedi

Wildschwein

bali

Hirsch

eleno

Elch

eleno

Staudamm

pani garavin

Windrad

bavlalaki turbina

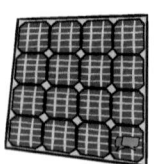

Solarmodul

solarno paneli

Klima

klima

Kellner
kelneri

Speisekarte
menije

Stuhl
sandaliya

Suppe
čorba

Pizza
pica

Tischdecke
poftaneski salfetka

Besteck
habasko alati

Vorspeise
avgo habe

Hauptgericht
šerutno habe

Nachspeise
gudlimata

Getränke
piiba

Essen
habe

Flasche
šiša

Fastfood

fast food

Streetfood

sokakongo habe

Teekanne

čajniko

Zuckerdose

šekereskoro čaroro

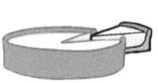

Portion

porcia

Espressomaschine

makina vaš espresso

Hochstuhl

uči sandaliya

Rechnung

esapi

Tablett

apladiya

Messer

čhuri

Gabel

vilyuška

Löffel

roj

Teelöffel

čajeski roj

Serviette

salfetka

Glas

tahtai

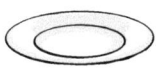

Teller

čaro

Suppenteller

čaro čorbake

Untertasse

hor čaro

Sauce

sosi

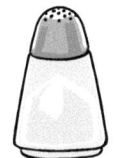

Salzstreuer

londesko čaroro

Pfeffermühle

kale biberesko pišlo

Essig

šut

Öl

zejtini

Gewürze

začinia

Ketchup

kečap

Senf

senf

Mayonnaise

majonezi

Supermarkt
supermarket

Angebot
specialno oferta
FOR
Kunde
mušteriya
Milchprodukte
thudeske butya
Obst
emiši
Einkaufswagen
vordonoro

BUTCHERS

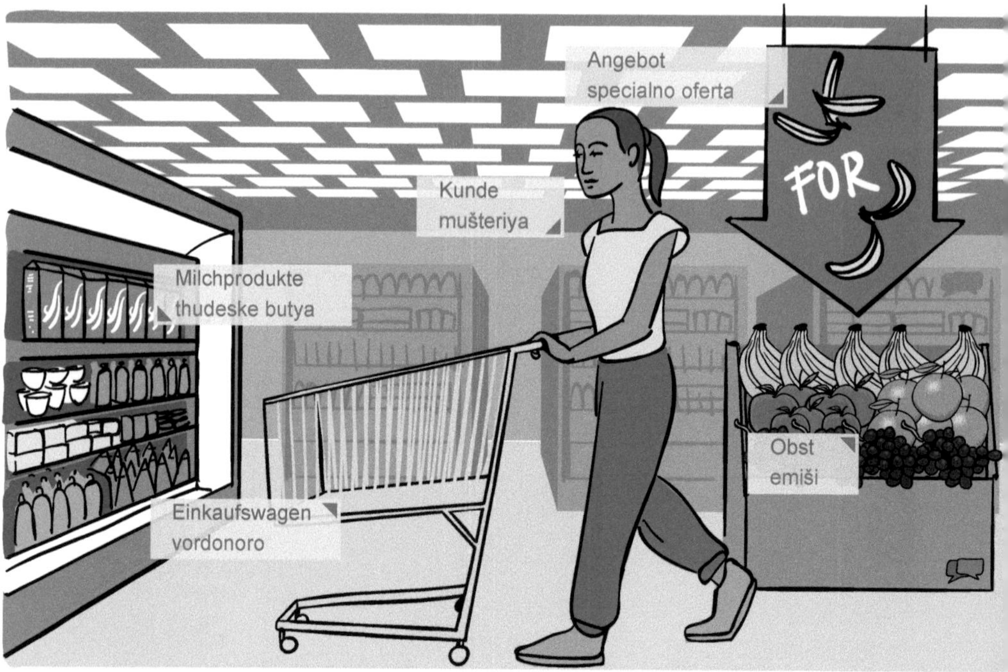

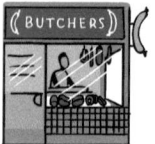

Schlachterei
kasapi

BAKERY

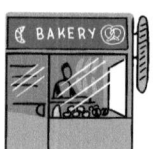

Bäckerei
furuna

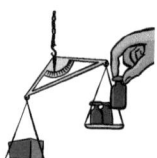

wiegen
ladavipe

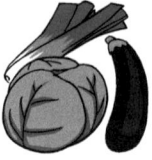

Gemüse
zarzavati

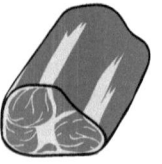

Fleisch
masesko rolati

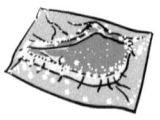

Tiefkühlkost
pahome habe

Aufschnitt

šudro mas

Konserven

konzerva

Waschmittel

thovimasko prašako

Süßigkeiten

gudlimata

Haushaltsartikel

khereske butya

Reinigungsmittel

užarimaske butya

Verkäuferln

bikinutno

Kasse

kasapi

Kassierer

kasieri

Einkaufsliste

kinimaski patrin

Öffnungszeiten

putarimaske satura

Brieftasche

lovengi tašna

Kreditkarte

kreditno kartica

Tasche

gono

Plastiktüte

plastikano gono

Wasser

pani

Saft

džus

Milch

thud

Cola

kola

Wein

mol

Bier

bira

Alkohol

alkohol

Kakao

kakao

Tee

čaj

Kaffee

kafa

Espresso

espresso

Cappuccino

cappuccino

Banane

banana

Apfel

phabaj

Orange

portokali

Melone

kavuni

Zitrone

limoni

Karotte

karota

Knoblauch

sir

Bambus

bambusi

Zwiebel

purum

Pilz

gaba

Nüsse

akhora

Nudeln

humereske butya

Spaghetti

špageti

Reis

rezo

Salat

salata

Pommes frites

čipsi

Bratkartoffeln

peke kompiria

Pizza

pica

Hamburger

hamburger

Sandwich

sendviči

Schnitzel

kotleti

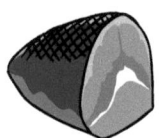

Schinken

žamboni

Salami

salama

Wurst

goja

Huhn

khajnako mas

Braten

peko

Fisch

mačho

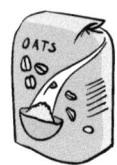

Haferflocken
popara

Müsli
musli

Cornflakes
kornfleks

Mehl
varo

Croissant
kroasani

Brötchen
masesko rolati

Brot
maro

Toast
tosti

Kekse
biskotia

Butter
puteri

Quark
urda

Kuchen
torta

Ei
jaro

Spiegelei
peke jare

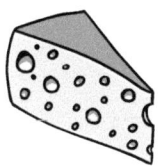

Käse
kiral

Eiscreme

šudro gudlo

Zucker

šekeri

Honig

avgin

Marmelade

džem

Nougat-Creme

čokoladaki krema

Curry

kari

Bauernhof
farma

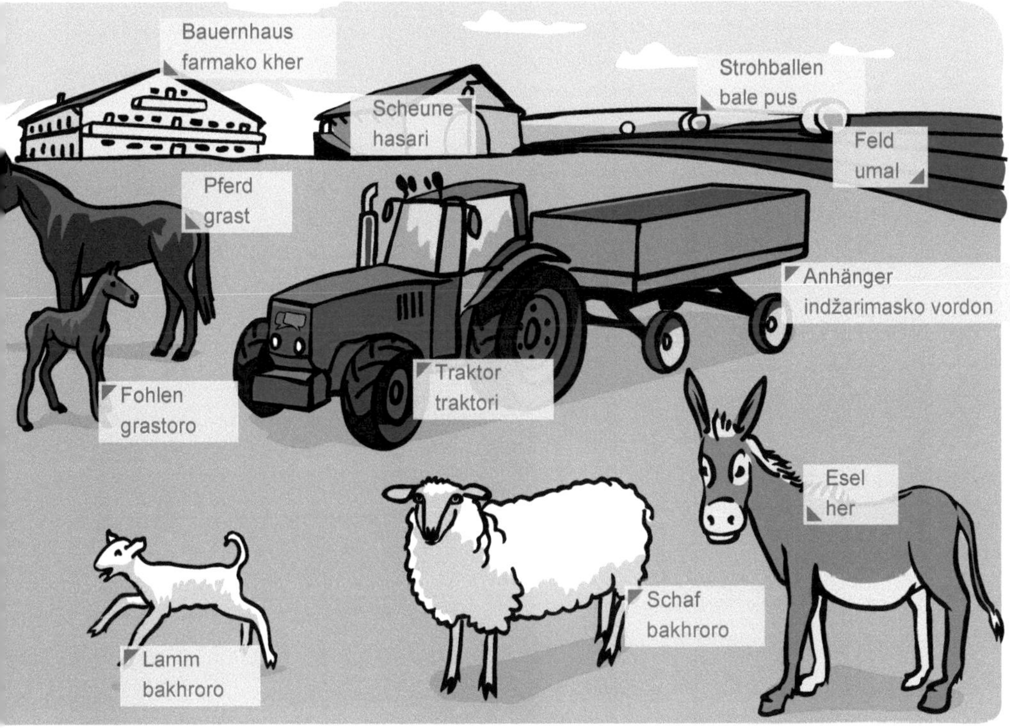

Bauernhaus
farmako kher
Scheune
hasari
Strohballen
bale pus
Feld
umal
Pferd
grast
Anhänger
indžarimasko vordon
Traktor
traktori
Fohlen
grastoro
Esel
her
Schaf
bakhroro
Lamm
bakhroro

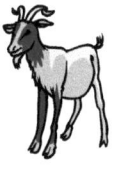

Ziege

buzno

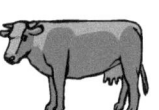

Kuh

guruvni

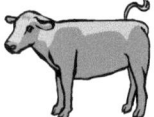

Kalb

guruvoro

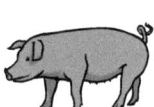

Schwein

balo

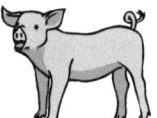

Ferkel

baloro

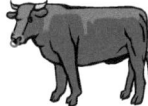

Bulle

guruv

Gans

papin

Ente

payka

Küken

pilička

Huhn

khayni

Hahn

bašno

Ratte

baro germuso

Katze

bilika

Maus

germuso

Ochse

guruv

Hund

džukel

Hundehütte

džukelesko kher

Gartenschlauch

žardina

Gießkanne

panyarimaski kanta

Sense

aindžako kidimasko alati

Pflug

plugo

Sichel

srpo

Hacke

motika

Mistgabel

aindžaki vilyuška

Axt

tover

Schubkarre

vordonoro phiravutno

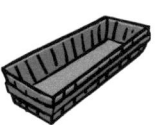

Trog

balani

Milchkanne

thudeski šiša

Sack

harari

Zaun

trujalutni

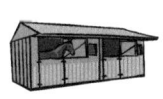

Stall

jahri

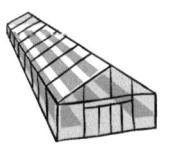

Treibhaus

haryalo kher

Boden

phuv

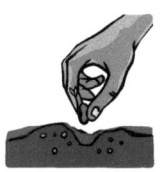

Saat

seme

Dünger

gyubre

Mähdrescher

aindžako kidipe

ernten

kidibe aindž

Ernte

harmani

Yamswurzel

phuvaki phabaj

Weizen

giv

Soja

soja

Kartoffel

kompiri

Mais

mumuruzi

Raps

šarlagani

Obstbaum

emišengo kašt

Maniok

Kasava

Getreide

giveskere javinlukoja

Haus
kher

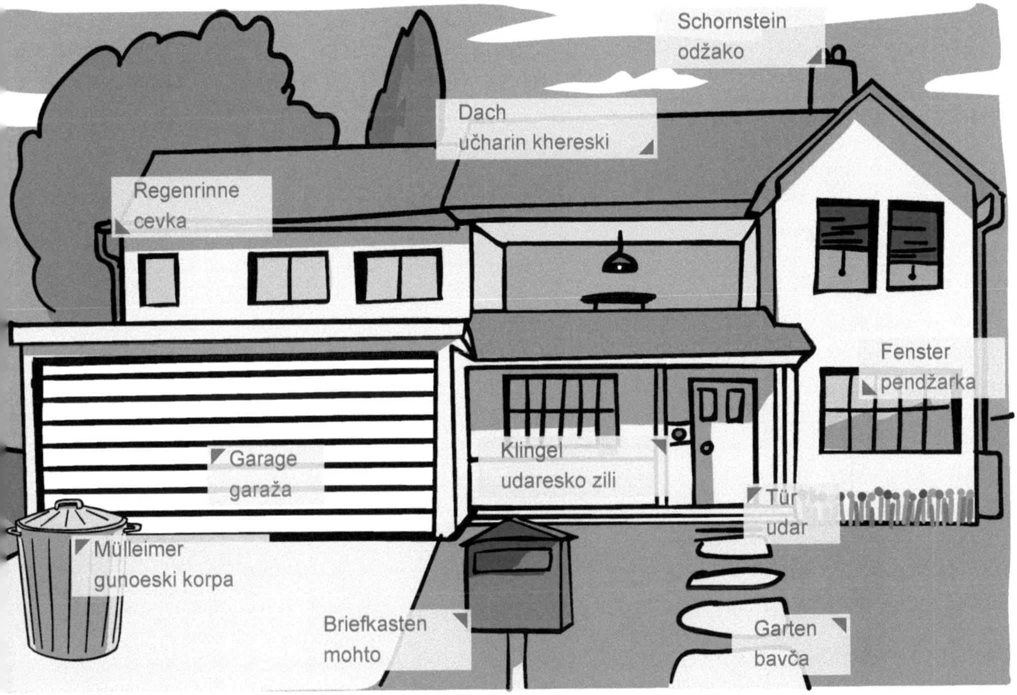

Schornstein
odžako
Dach
učharin khereski
Regenrinne
cevka
Fenster
pendžarka
Garage
garaža
Klingel
udaresko zili
Tür
udar
Mülleimer
gunoeski korpa
Briefkasten
mohto
Garten
bavča

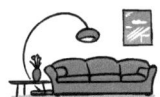

Wohnzimmer

beširmaski kamara

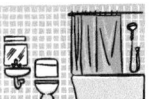

Badezimmer

banya

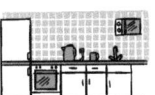

Küche

kujna

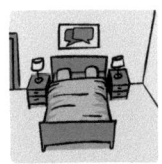

Schlafzimmer

sovimasko than

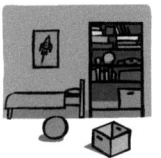

Kinderzimmer

čhavengi kamara

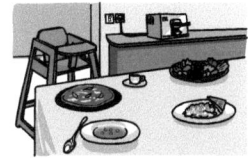

Esszimmer

than hajbaske rakjako habe

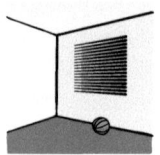

Boden

kati

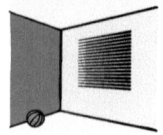

Wand

duvari

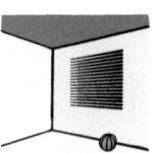

Decke

tavano

Keller

špajzi

Sauna

sauna

Balkon

terasa

Terrasse

terasa

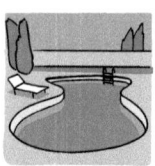

Schwimmbad

bazeni

Rasenmäher

čar harnyarimaski makina

Bettbezug

patrin

Bettdecke

čaršafia

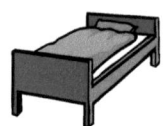

Bett

kreveto

Besen

šulavni

Eimer

korpa

Schalter

elektrikani phabarin

Wohnzimmer
bešimaski kamara

Tapete
tapeta
Bild
tasviri
Lampe
lamba
Regal
rafti
Schrank
ormari
Kamin
jagako than
Fernseher
televiziya
Blume
luludi
Kissen
šerand
Sofa
sofa
Vase
vazna
Fernbedienung
durutni komanda

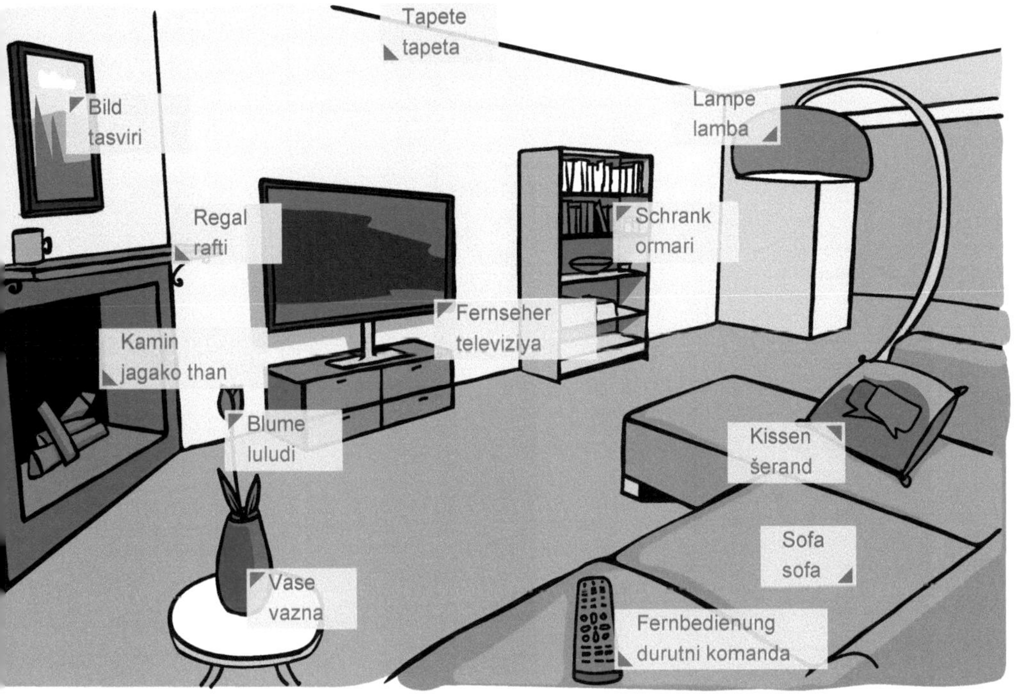

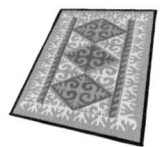

Teppich

kilimi

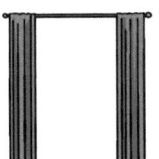

Vorhang

perde

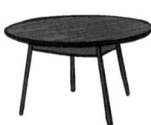

Tisch

masa

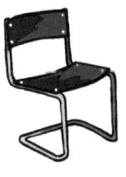

Stuhl

sandaliya

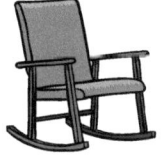

Schaukelstuhl

kunajka sandaliya

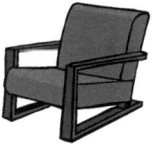

Sessel

fotelya

Buch

lil

Decke

kebe

Dekoration

dekoraciya

Feuerholz

kašta phabarimaske

Film

filmi

Stereoanlage

stereo ašunimaske butya

Schlüssel

nahtari

Zeitung

gazeta

Gemälde

frčaja bojakeribe

Poster

posteri

Radio

radio

Notizblock

hramovimasko bloko

Staubsauger

elektrikani šulavni

Kaktus

kaktusi

Kerze

momoli

Küche
kujna

Kühlschrank
frižideri
Mikrowelle
mikrodalgaki rerna
Küchenwaage
kujnako kantari
Toaster
tosteri
Reinigungsmittel
detergenti
Backofen
furna
Gefrierfach
hor pahonimaski komora
Mülleimer
gunoeski korpa
Geschirrspüler
detergenti čarenge

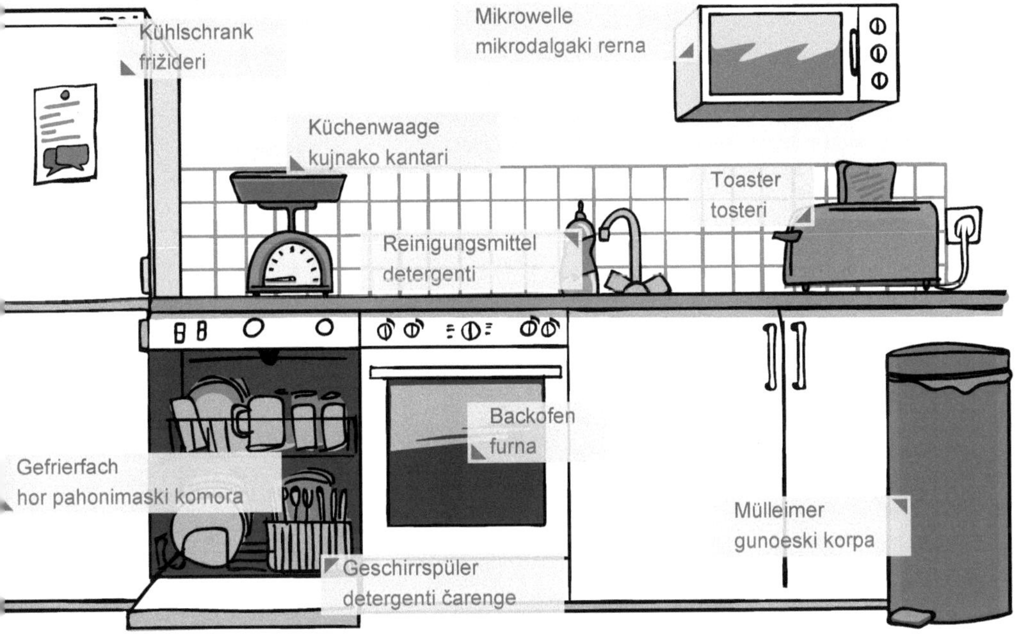

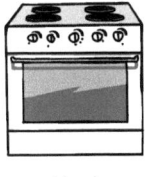

Herd
....
keravimasko than

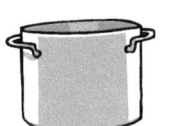

Topf
....
čaro

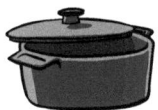

Eisentopf
....
sastrnali tendžera

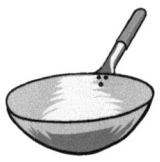

Wok / Kadai
....
vok cihani

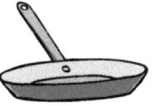

Pfanne
....
tava

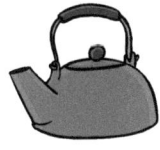

Wasserkocher
....
elektrikano bokali

Dampfgarer

tendžera ki para

Backblech

tepsija

Geschirr

čare

Becher

bareder fildžano

Schale

čaro

Essstäbchen

kinakere habaskere kaštore

Suppenkelle

fioka

Pfannenwender

špatula

Schneebesen

vastesko mikseri

Kochsieb

cedimasko čaro

Sieb

porizen

Reibe

rende

Mörser

avano

Grill

skara

Feuerstelle

puteribe jag

Schneidebrett

čhinimaski tabla

Nudelholz

oklagia

Korkenzieher

puterimasko alati

Dose

konzerva

Dosenöffner

konzervako puterutno

Topflappen

čaresko ikerutno

Waschbecken

lavabo

Bürste

frča

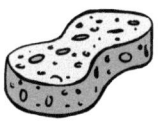

Schwamm

sungeri

Mixer

mikseri

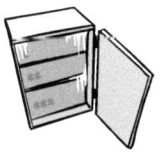

Gefriertruhe

hor pahonimasko frižideri

Babyflasche

bebeski šiša

Wasserhahn

češma

Badezimmer
banya

Heizung
tataripe
Handtuch
peškiri
Dusche
tuširibe
Duschvorhang
tuširimaski perda
Schaumbad
nanyovibe sapuneske balonencar
Badewanne
kada nanyovimaske
Glas
tahtai
Waschmaschine
makina thovimaske šeja
Wasserhahn
češma
Fliesen
pločke
Töpfchen
turako
Waschbecken
lavabo

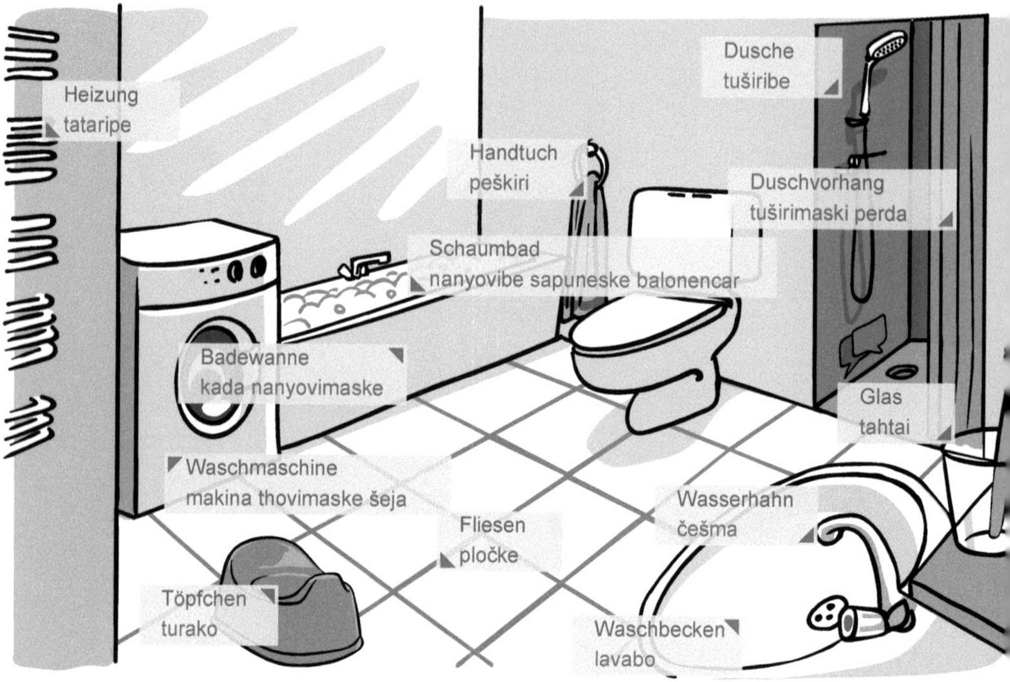

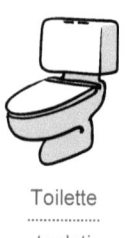

Toilette
toaleti

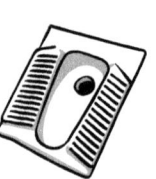

Hocktoilette
toaleti bešimasa ko pundre

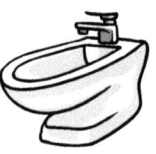

Bidet
bide

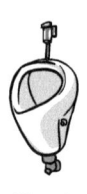

Pissoir
pisoari

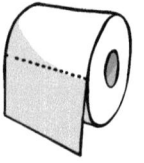

Toilettenpapier
toaletesko lil

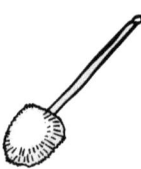

Toilettenbürste
frča toaleteske

Zahnbürste

danda thovimaski frča

Zahnpasta

danda thovimaski krema

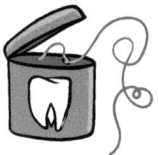

Zahnseide

dandesko thav

waschen

thovibe danda

Handbrause

vasteskoro tuši

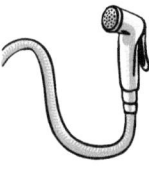

Intimdusche

tuši

Waschschüssel

lavabo

Rückenbürste

dumeski frča

Seife

sapuni

Duschgel

tuširimasko geli

Shampoo

šamponi

Waschlappen

flanela

Abfluss

kada ćidimaske pani

Creme

krema

Deodorant

dezodoransi

Spiegel
ajna

Kosmetikspiegel
vasteski ajna

Rasierer
žileti moravimaske

Rasierschaum
moravimaski pena

Rasierwasser
palal muravimaski krema

Kamm
kanglik

Bürste
frča

Föhn
feni balenge

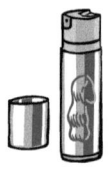

Haarspray
sprej balenge

Makeup
šminka

Lippenstift
karmini

Nagellack
oja najenge

Watte
pamuko pošom

Nagelschere
kata najenge

Parfum
parfemi

Kulturbeutel

gono thovimaske

Hocker

sandaliya

Waage

tereziya

Bademantel

bademantili

Gummihandschuhe

gumena kalcunya

Tampon

tamponi

Damenbinde

toaletno lil

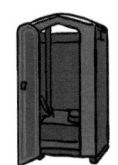

Chemietoilette

hemikano toaleti

Kinderzimmer
čhavengi kamara

Wecker
alarmesko sato
Kuscheltier
mangli khelutni
Spielzeugauto
vordonora khelimaske
Rassel
tropalka
Puppenhaus
bebedžikongo kher
Geschenk
bakšiši

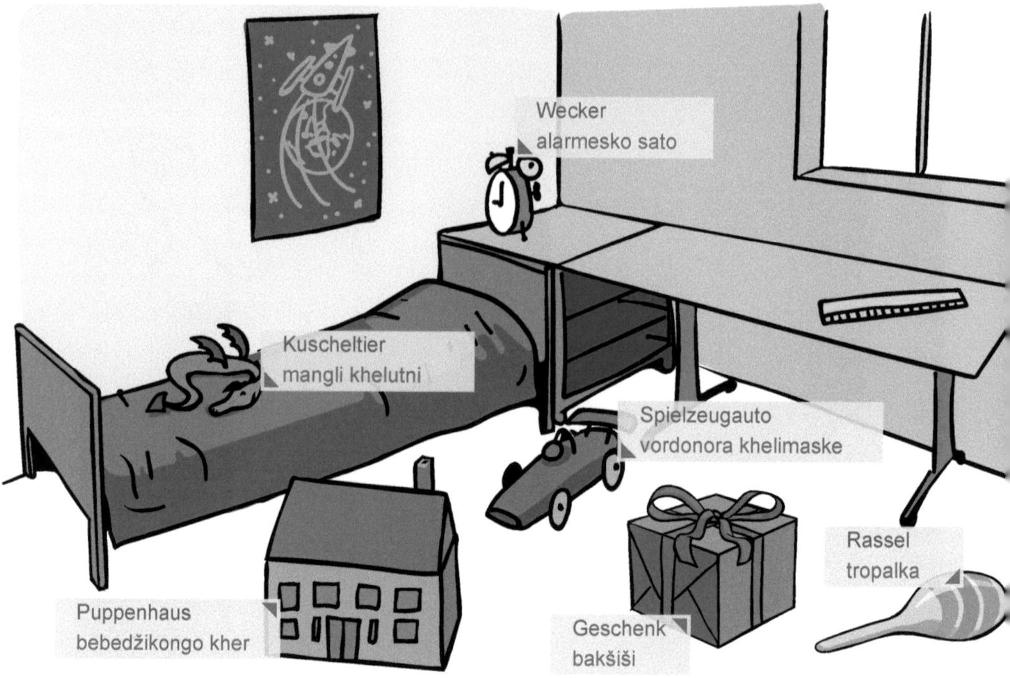

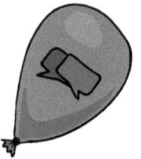

Ballon

baloni

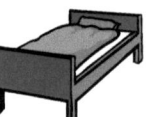

Bett

kreveto

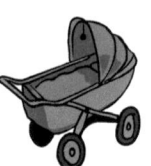

Kinderwagen

bebengo vordon

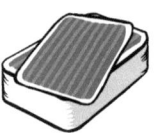

Kartenspiel

špili karte

Puzzle

ker-rumin khelin

SUPER
MEGA

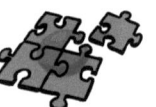

Comic

komikano lil

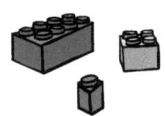

Legosteine

lego kocke

Bausteine

kocke khelimaske

Action Figur

akciaki figura

Strampelanzug

bodi bebeske

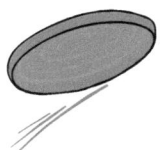

Frisbee

frizbi

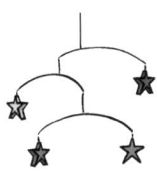

Mobile

mobile

Brettspiel

masa khelimaske

Würfel

zari

Modelleisenbahn

pampuri khelimaske

Schnuller

cucla

Party

bahlana

Bilderbuch

tasvirengo lil

Ball

topka

Puppe

bebedžiko

spielen

khelibe

Sandkasten

pošikako than

Schaukel

kuna

Spielzeug

khelimaske butya

Spielkonsole

konzola video khelimaske

Dreirad

triciklo

Teddy

poftaneski ričini

Kleiderschrank

garderoba

Kleidung

šeja

Socken

kalcunya

Strümpfe

khuvde kalcunya

Strumpfhose

hulahopke

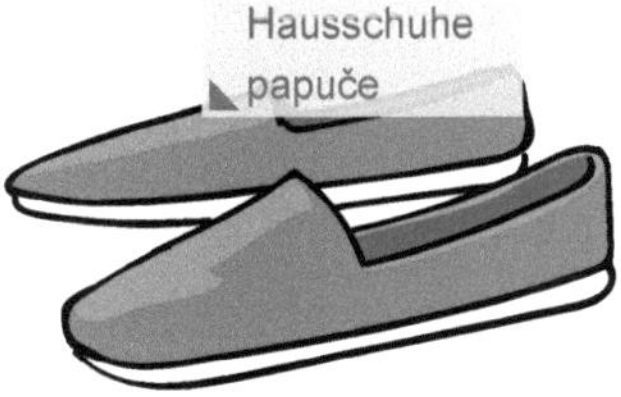

Schal
momija

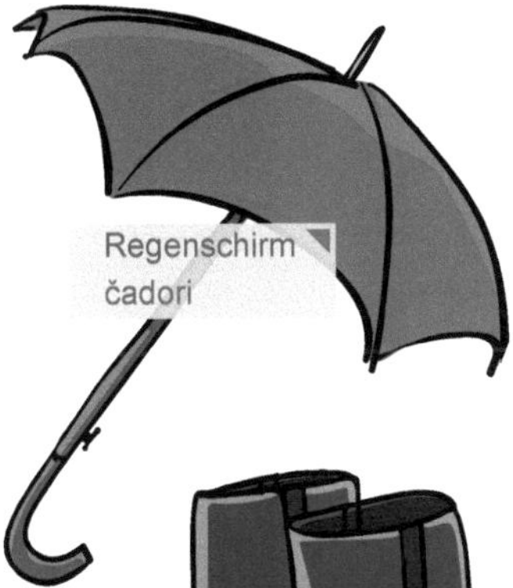

Regenschirm
čadori

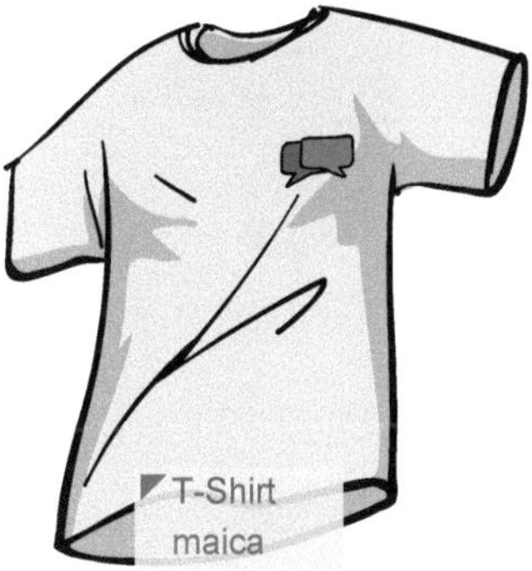

T-Shirt
maica

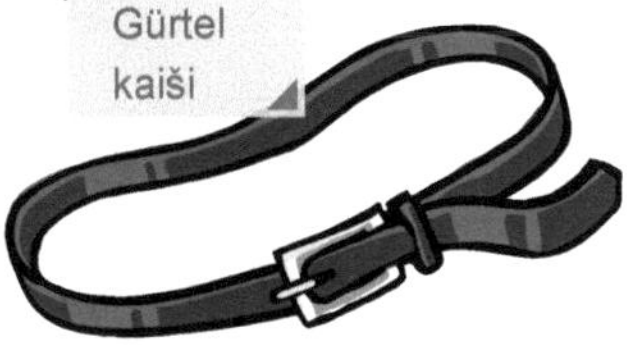

Gürtel
kaiši

Stiefel
čizme

Hausschuhe
papuče

Turnschuhe
trenerke

Sandalen
....
sandale

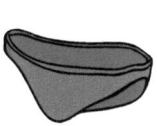

Schuhe
....
menije

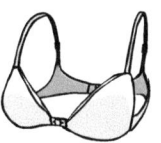

Gummistiefel
....
gumena čizme

Unterhose
....
sostenya

Büstenhalter
....
eleko

Unterhemd
....
jeleko

Body

bodi

Hose

pantalonya

Jeans

farmerke

Rock

suknya

Bluse

bluza

Hemd

gat

Pullover

puloveri

Kapuzenpullover

dukseri

Blazer

harno kaputi

Jacke

džeketi

Mantel

kaputi

Regenmantel

biršimdesko mantili

Kostüm

kostimi

Kleid

fustano

Hochzeitskleid

prandinako fustano

Anzug

kostumi

Nachthemd

rakjako fustano

Schlafanzug

pižame

Sari

sari

Kopftuch

momija šereske

Turban

turbani

Burka

burka

Kaftan

kaftani

Abaya

abaya

Badeanzug

nangyovimaske šeja

Badehose

buxle pantolonya

Kurze Hose

harne pantolonya

Trainingsanzug

sporteske trenerke

Schürze

kecelya

Handschuhe

vasteske kalcunya

Knopf

kopča

Brille

gjuzlukya

Armband

belegziya

Halskette

mirikle

Ring

angrustik

Ohrring

čeni

Mütze

stadik

Kleiderbügel

kaputeski čiviya

Hut

stadik

Krawatte

kravata

Reißverschluss

patenti

Helm

kaciga

Hosenträger

dandenge proteze

Schuluniform

školaki uniforma

Uniform

uniforma

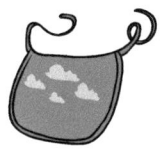

Lätzchen

ligarka

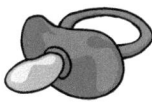

Schnuller

cucla

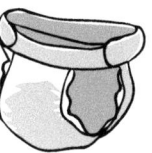

Windel

pherno

Büro
ofiso

Server
serveri
Aktenschrank
raftija dokumentenca
Drucker
printeri
Papier
lil
Monitor
monitori
Maus
mausi
Schreibtisch
masa butyake
Ordner
folderi
Tastatur
tastatura
Papierkorb
korpa čhudimaske lila
Computer
kompjuteri
Stuhl
sandaliya

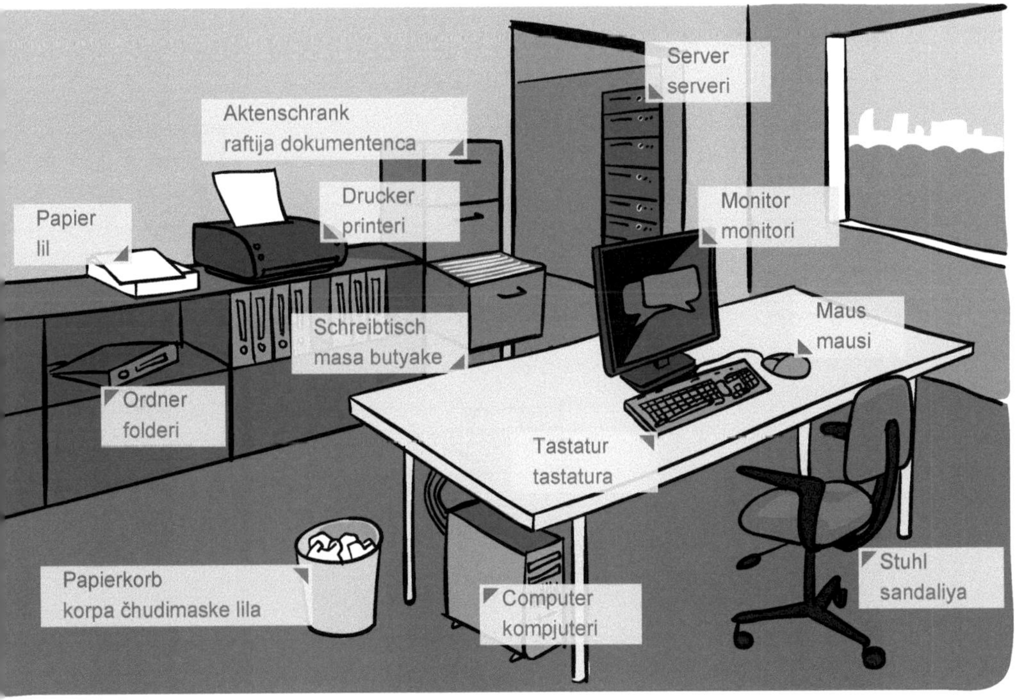

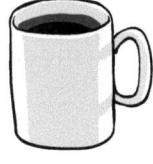

Kaffeebecher

fildžano kafake

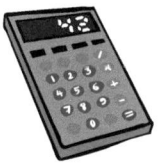

Taschenrechner

kalkulatori

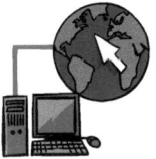

Internet

internet

Laptop

laptop

Brief

lil

Nachricht

mesaži

Handy

mobilno telefono

Netzwerk

netvorko

Kopierer

kopirimaski makina

Software

softveri

Telefon

telefono

Steckdose

štekeri

Fax

faks makina

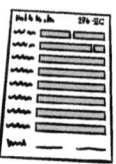

Formular

formulari

Dokument

dokumento

kaufen

kinibe

bezahlen

pokinibe

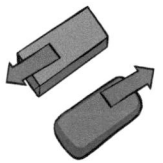

handeln

kino-bikinibe

Geld

love

Dollar

dolari

Euro

euro

Yen

jeni

Rubel

rublya

Franken

švajcariako franko

Renminbi Yuan

renminbi juan

Rupie

rupija

Geldautomat

lovengo automati

Wechselstube
biro baši devize

Gold
somnakaj

Silber
rup

Öl
petroli

Energie
energia

Preis
fiyati

Vertrag
kontrakto

Steuer
taksa

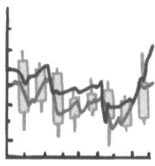

Aktie
berzaki akcija

arbeiten
butikeribe

Angestellter
butyarno

Arbeitgeber
butyako dendutno

Fabrik
fabrika

Geschäft
dukyano

Wirtschaft - ekonomia

Berufe
profesie

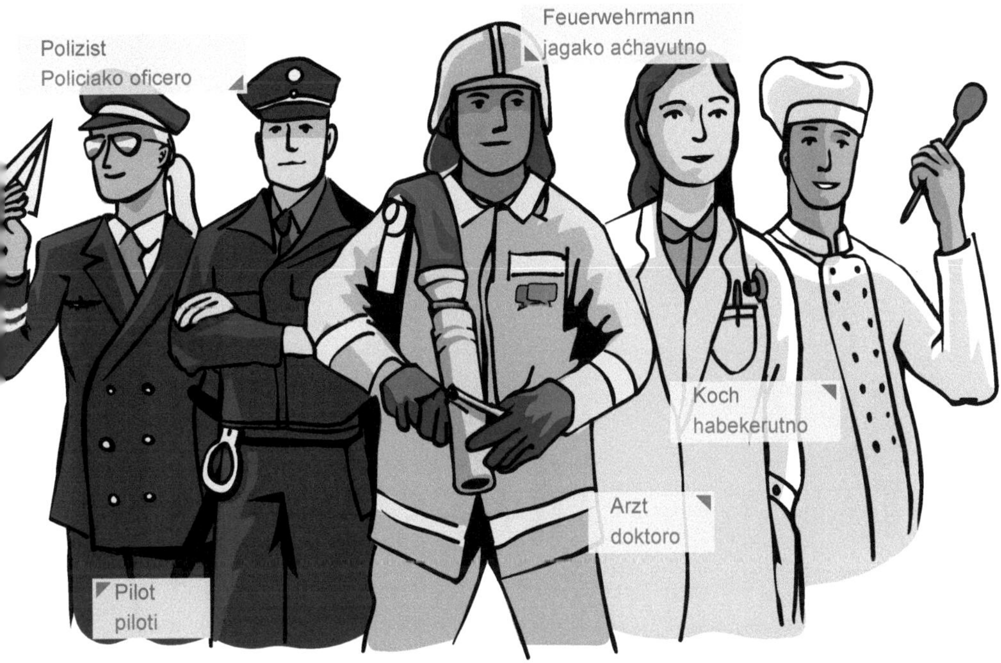
Polizist
Policiako oficero
Feuerwehrmann
jagako aćhavutno
Koch
habekerutno
Arzt
doktoro
Pilot
piloti

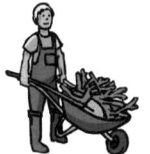

Gärtner

bavčako butyarno

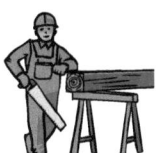

Tischler

tišleri

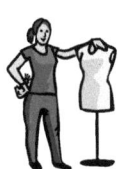

Näherin

šnajderka

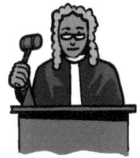

Richter

krisuno

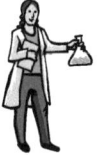

Chemiker

hemičari

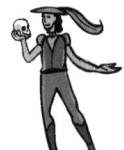

Schauspieler

akteri

Busfahrer

autobusesko šoferi

Taxifahrer

taksisti

Fischer

mačhengo astarutno

Putzfrau

užarutni

Dachdecker

učharinengo kerutno

Kellner

kelneri

Jäger

avdžija

Maler

tasvirkerutno

Bäcker

furnadžia

Elektriker

elektrikako phirno

Bauarbeiter

tamirutno

Ingenieur

inžinjeri

Schlachter

kasapi

Klempner

panjesko butyarno

Postbote

poštari

Soldat

askeri

Architekt

arhitekto

Kassierer

kasieri

Florist

luludyari

Friseur

frizeri

Schaffner

kondukteri

Mechaniker

mekanisti

Kapitän

kapetani

Zahnarzt

dandengo saslyarno

Wissenschaftler

vigjanalo manuš

Rabbi

rabini

Imam

imami

Mönch

rašaj

Geistlicher

rašaj

Werkzeuge

alatia

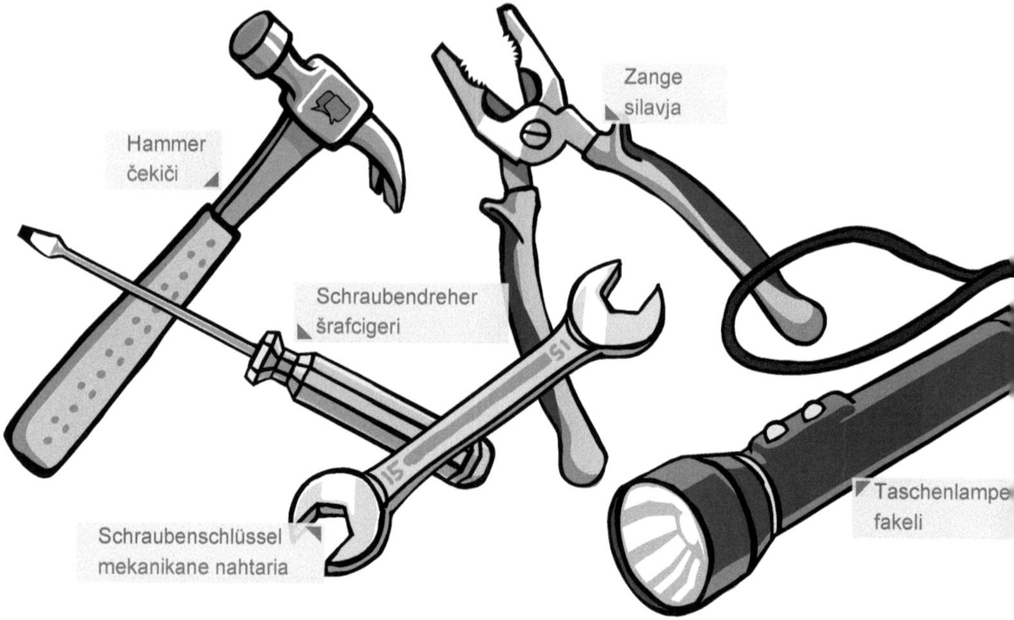
Hammer
čekiči
Zange
silavja
Schraubendreher
šrafcigeri
Schraubenschlüssel
mekanikane nahtaria
Taschenlampe
fakeli

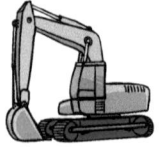

Bagger

hrandimasko alati

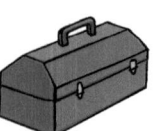

Werkzeugkasten

alateski kutia

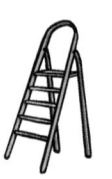

Leiter

merdeveni

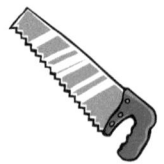

Säge

pila

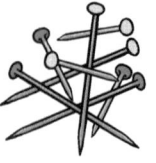

Nägel

karfa

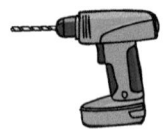

Bohrer

posavin

reparieren
lačharkeribe

Schaufel
lopata

Mist!
Naleti!

Kehrblech
vatrali

Farbtopf
lonco bojimaske

Schrauben
šrafja

Musikinstrumente
muzikane instrumentia

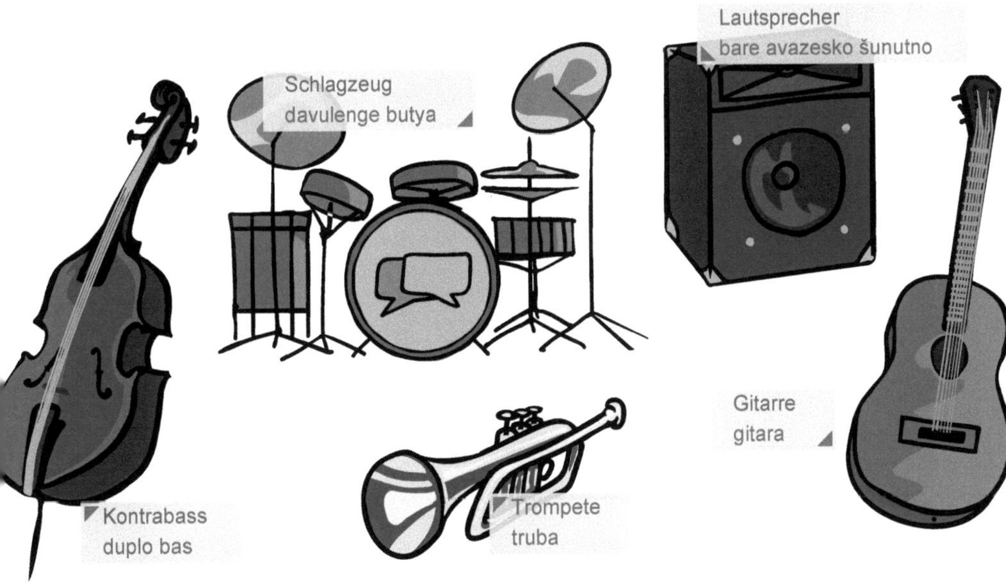

Lautsprecher
bare avazesko šunutno

Schlagzeug
davulenge butya

Gitarre
gitara

Kontrabass
duplo bas

Trompete
truba

Klavier
piano

Violine
kemana

Bass
bas

Pauke
timpani

Trommeln
davulia

Keyboard
sintisajzeri

Saxophon
saksafoni

Flöte
flejta

Mikrofon
mikrofoni

Eingang
khuvin

Tiger
tigari

Käfig
kafezi

Zebra
zebra nakhimaski

Tierfutter
hajvanengo parvaripe

Panda
panda

Tiere

hajvania

Elefant

elefanti

Känguru

kenguri

Nashorn

rino

Gorilla

gorila

Bär

ričini

Kamel

kamila

Strauß

ostriga

Löwe

aslani

Affe

majmuni

Flamingo

flamingo

Papagei

papagali

Eisbär

polarno ričini

Pinguin

pingvini

Hai

ajkula

Pfau

pauno

Schlange

sap

Krokodil

krokodilo

Zoowärter

zoo arakhutno

Robbe

foka

Jaguar

jaguari

Pony

poni

Leopard

leopardi

Nilpferd

hipo

Giraffe

žirafa

Adler

zorale kandžengi paškin

Wildschwein

bali

Fisch

mačho

Schildkröte

želka

Walross

morži

Fuchs

lumri

Gazelle

gazela

American Football
Amerikako fudbali

Radfahren
biciklizmo

Tennis
tenis

Basketball
basketboli

Schwimmen
nangjovibe

Boxen
boksi

Eishockey
hokej ko paho

Fußball

fudbali

Badminton

badmington

Leichtathletik

atletika

Handball

vasteskoboli

Skilaufen

skiibe

Polo

polo

Aktivitäten
aktivitetia

lachen
asaibe
springen
hutibe
umarmen
deibe angali
gehen
phiribe
singen
giljavibe
träumen
dikhibe suno
beten
azirikeribe
küssen
čumibe

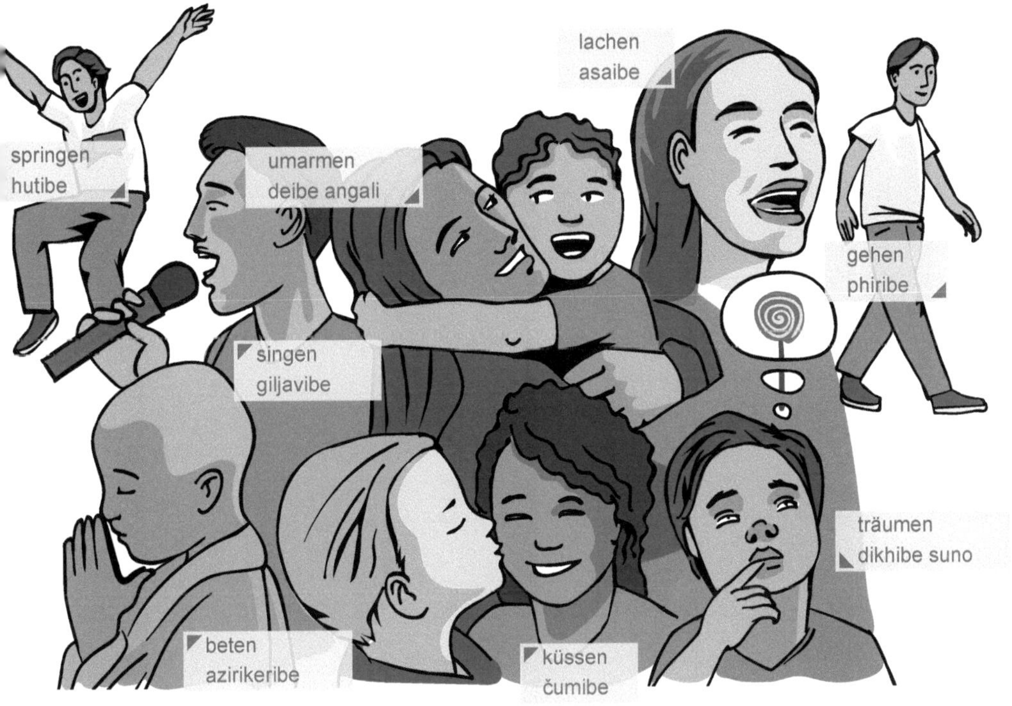

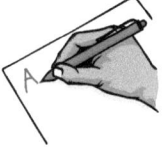

schreiben

hramovibe

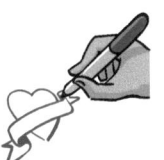

zeichnen

čitribe

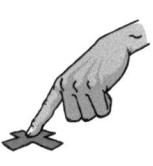

zeigen

sikavibe

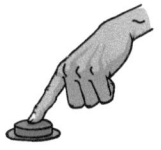

drücken

cidljaribe

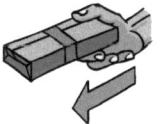

geben

deibe

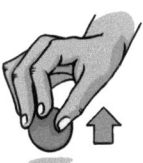

nehmen

leibe

haben

isibe

tun

keribe

sein

te ovel

stehen

tergyovibe

laufen

prastaibe

ziehen

cidibe

werfen

čhudibe

fallen

peribe

liegen

hovavibe

warten

adžikeribe

tragen

phiravibe

sitzen

bešibe

anziehen

urjavibe

schlafen

sovibe

aufwachen

džangavibe

ansehen

dikhibe ko

weinen

rovibe

streicheln

čalavibe

kämmen

uhlavibr

reden

vakeribe

verstehen

haljovibe

fragen

puč

hören

šunibe

trinken

piibe

essen

habe

aufräumen

užaribe

lieben

kamibe

kochen

keribe habe

fahren

paldibe vordon

fliegen

urjalibe

segeln

vaporea džaibe

rechnen

kalkulirin

lesen

drabaribe

lernen

sikljovibe

arbeiten

butikeribe

heiraten

prandibe

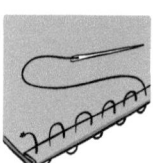

nähen

suvibe

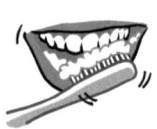

Zähne putzen

thovibe danda

töten

mudaribe

rauchen

piibe dahani

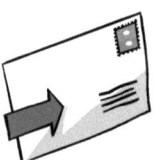

senden

bičhalibe

Familie
familiya

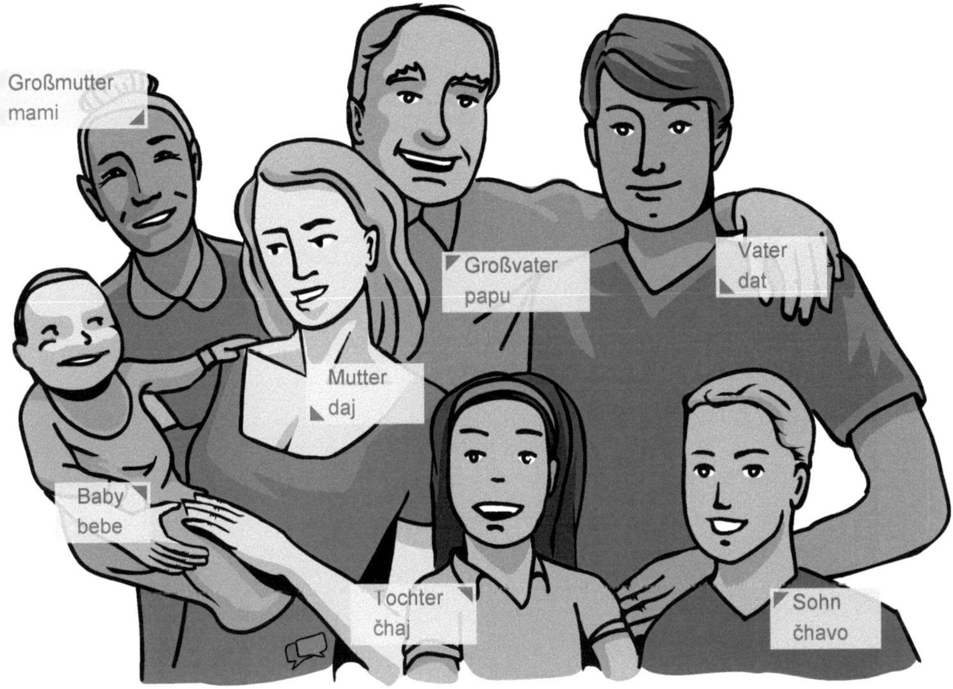
Großmutter
mami
Großvater
papu
Vater
dat
Mutter
daj
Baby
bebe
Tochter
čhaj
Sohn
čhavo

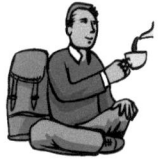

Gast
misafiri

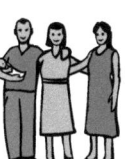

Tante
bibi

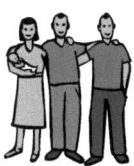

Onkel
kako

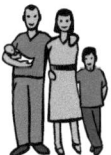

Bruder
phral

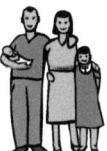

Schwester
phen

Körper

trupo

Stirn
čekat
Auge
jakh
Schulter
piko
Finger
naj
Gesicht
muj
Kinn
vilica
Hand
vast
Brust
čuči
Bein
pundro
Arm
musik

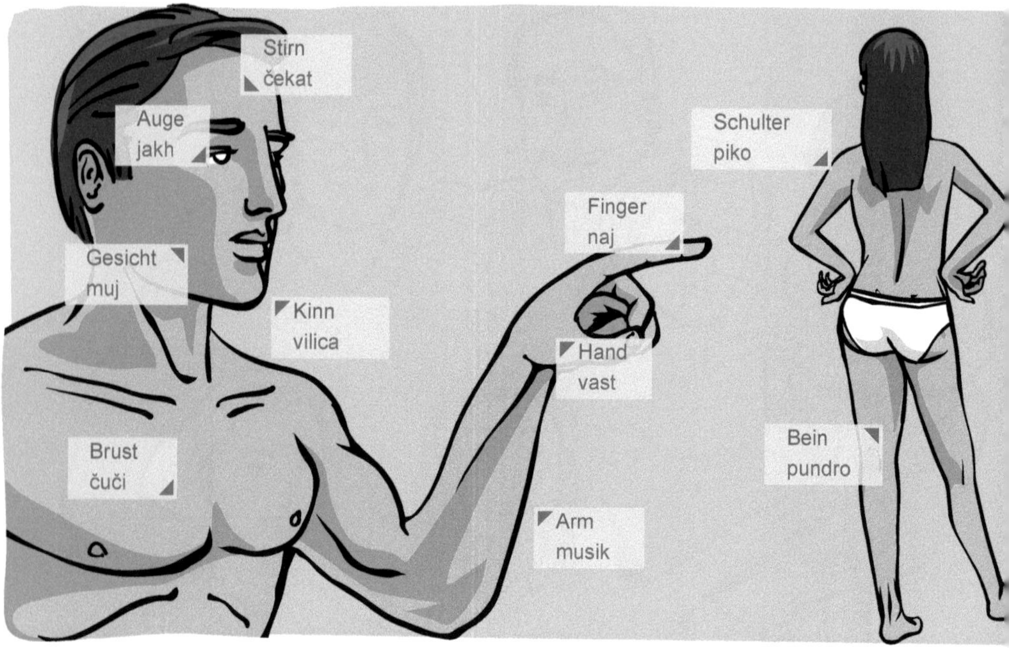

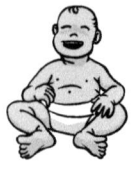

Baby

bebe

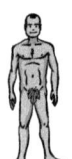

Mann

murš

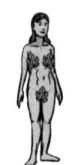

Frau

džuvli

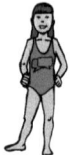

Mädchen

čhaj

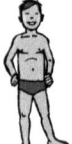

Junge

ćhavo

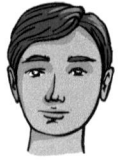

Kopf

šero

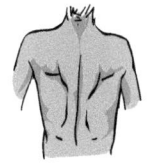	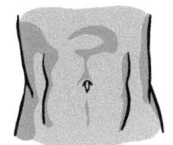	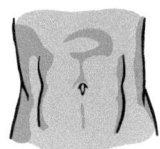
Rücken	Bauch	Nabel
dumo	maškar	pupko
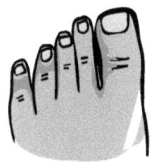	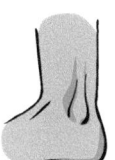	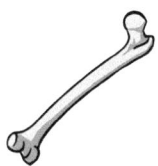
Zeh	Ferse	Knochen
pundrenge naja	patum	kokalo
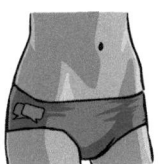	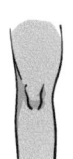	
Hüfte	Knie	Ellenbogen
kuko	koč	lahci
		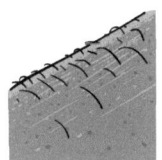
Nase	Gesäß	Haut
nakh	bul	mortik
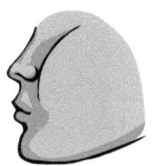	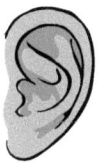	
Wange	Ohr	Lippe
čham	kan	voš

Mund

muj

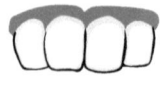

Zahn

danda

Zunge

ćhib

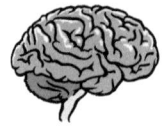

Gehirn

godi

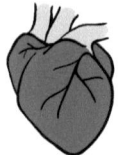

Herz

vilo

Muskel

muskulo

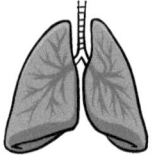

Lunge

kolin

Leber

buko

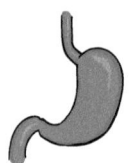

Magen

vogi

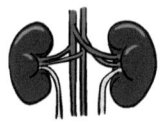

Nieren

bubrekora

Geschlechtsverkehr

seks

Kondom

kondomi

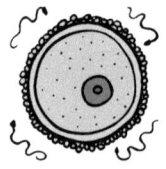

Eizelle

yarengi kletka

Sperma

sperma

Schwangerschaft

khamnipe

Körper - trupo

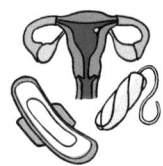

Menstruation

menstruaciya

Vagina

vagina

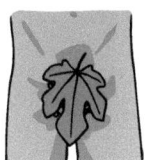

Penis

penis

Augenbraue

phov

Haar

bala

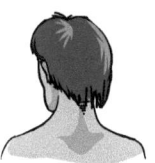

Hals

men

Körper - trupo

Krankenhaus
hospitalo

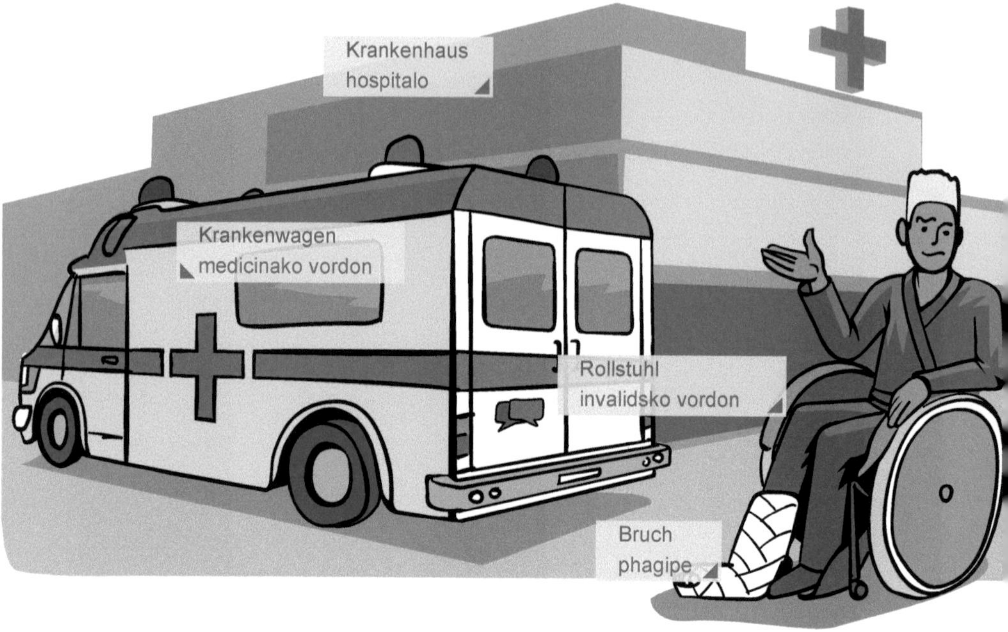

Krankenhaus
hospitalo
Krankenwagen
medicinako vordon
Rollstuhl
invalidsko vordon
Bruch
phagipe

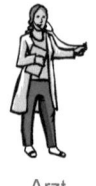

Arzt

doktoro

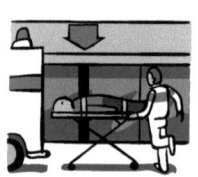

Notaufnahme

sigyarimaski kamara

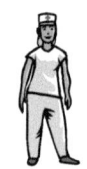

Krankenschwester

medicinaki phen

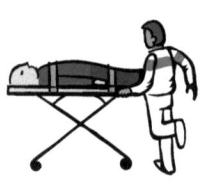

Notfall

sigyaripen

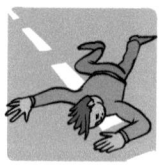

ohnmächtig

ki koma

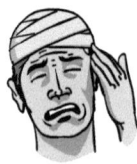

Schmerz

dukh

Verletzung

dukhavipen

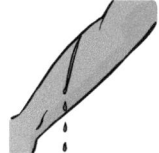

Blutung

ratvaripe

Herzinfarkt

infrakto

Schlaganfall

šlog

Allergie

alergiya

Husten

khuinibe

Fieber

tinanipe

Grippe

gripa

Durchfall

diyarea

Kopfschmerzen

šereski dukh

Krebs

kanceri

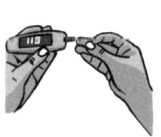

Diabetis

diyabetes

Chirurg

operaciya

Skalpell

skalperi

Operation

operaciya

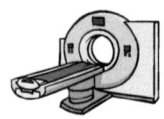

CT

CT

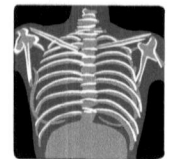

Röntgen

rentgen

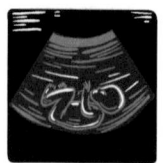

Ultraschall

ultra avazo

Maske

mujeski maska

Krankheit

nasvalipe

Wartezimmer

adžukyarimasko than

Krücke

paterica

Pflaster

flastero

Verband

phandimaski gaza

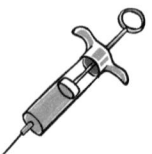

Injektion

inyekciya

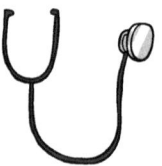

Stethoskop

stetoskopo

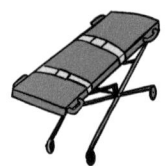

Trage

tregero

Thermometer

klinicko termometro

Geburt

biyanipe

Übergewicht

baro thulipe

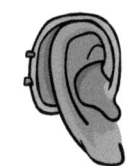

Hörgerät

ašunimasko aparato

Desinfektionsmittel

dezinfekciako

Infektion

infekciya

Virus

viruso

HIV / AIDS

HIV / SIDA

Medizin

medicina

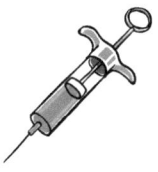

Impfung

vakcinaciya

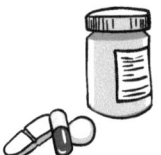

Tabletten

tabletura

Pille

hapi

Notruf

sigyarimasko akharipe

Blutdruck-Messgerät

monitori vaš učo pretisak

krank / gesund

nasvalo / sasto

Hilfe!

Mažutisar!

Alarm

alarmo

Überfall

atako

Angriff

atako

Gefahr

dar buti

Notausgang

sigyarimasko iklyovipen

Feuer!

Bari jag!

Feuerlöscher

mamuj jagako aparati

Unfall

bibax

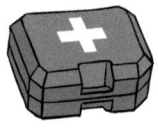

Erste-Hilfe-Koffer

butya avgo ažutimaske

SOS

SOS

Polizei

Policia

Europa

Evropa

Nordamerika

Utarali Amerika

Südamerika

Purabali Amerika

Afrika

Afrika

Asien

Azija

Australien

Australia

Atlantik

Atlantiko

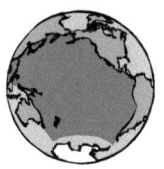

Pazifik

Pacifiko

Indischer Ozean

Indiako Okeano

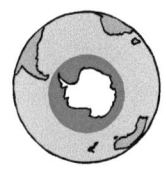

Antarktischer Ozean

Antarktikosko Okeano

Arktischer Ozean

Arktikosko Okeano

Nordpol

Utaralo poli

Südpol

Purabalo poli

Antarktis

Antarktiko

Erde

phuv

Land

phuv

Meer

samudra

Insel

džaziri

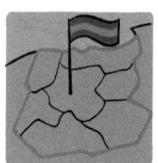

Nation

nacija

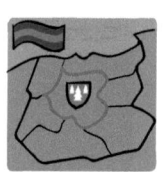

Staat

raštra

Zifferblatt

saatosko gendo

Stundenzeiger

saatoski sikavni

Minutenzeiger

dakikongi sikavni

Sekundenzeiger

kundarno saatoski sikavin

Wie spät ist es?

Kozom si o saato?

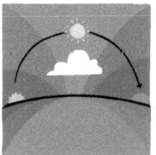

Tag

dive

Zeit

vrama

jetzt

akana

Digitaluhr

digitalno saato

Minute

dakika

Stunde

časo

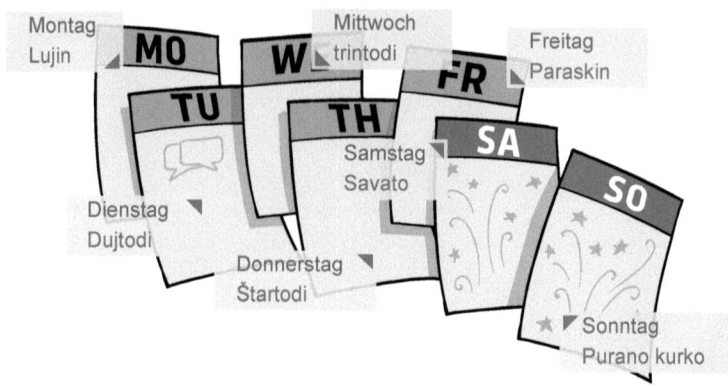

Montag
Lujin
MO

Mittwoch
trintodi
W

Freitag
Paraskin
FR

TU

TH

Samstag
Savato
SA

Dienstag
Dujtodi

Donnerstag
Štartodi

SO

Sonntag
Purano kurko

gestern
....
erati

heute
....
avdive

morgen
....
tajsa

Morgen
....
javin

Mittag
....
ekvaš dive

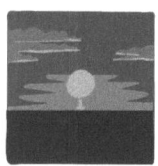

Abend
....
blevel

MO	TU	WE	TH	FR	SA	SU
1	2	3	4	5	6	7
8	9	10	11	12	13	14
15	16	17	18	19	20	21
22	23	24	25	26	27	28
29	30	31	1	2	3	4

Arbeitstage
....
butyarne divesa

MO	TU	WE	TH	FR	SA	SU
1	2	3	4	5	6	7
8	9	10	11	12	13	14
15	16	17	18	19	20	21
22	23	24	25	26	27	28
29	30	31	1	2	3	4

Wochenende
....
vikend

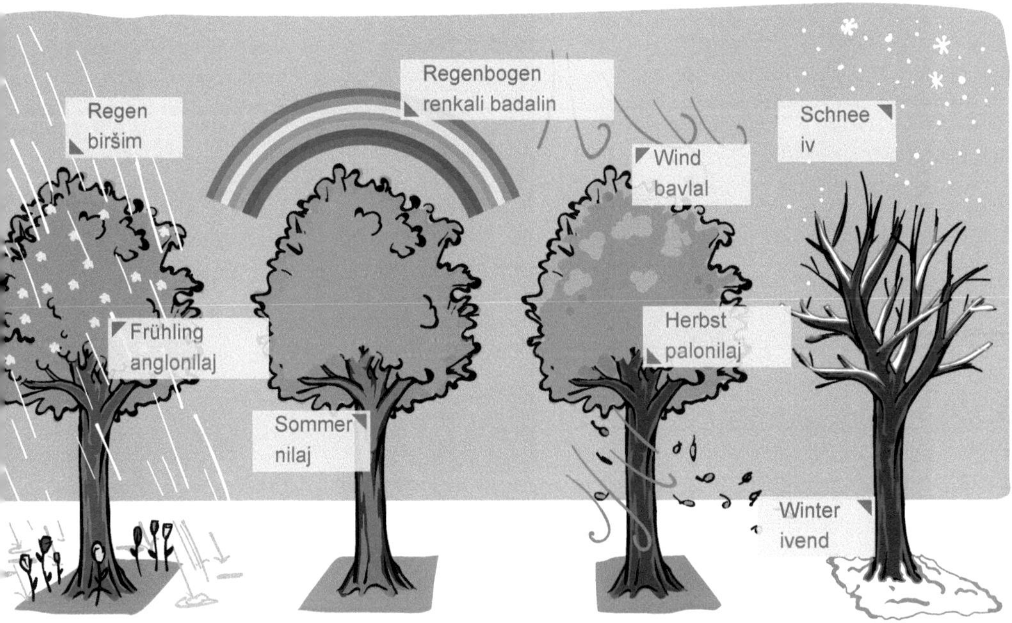

Regen
biršim

Regenbogen
renkali badalin

Schnee
iv

Wind
bavlal

Frühling
anglonilaj

Herbst
palonilaj

Sommer
nilaj

Winter
ivend

4.APRIL	11°	☀
5.APRIL	4°	☁
6.APRIL	13°	☂
7.APRIL	8°	❄
8.APRIL	10°	☀

Wettervorhersage
....
vramakoro vakeribe

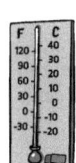

Thermometer
....
termometro

Sonnenschein
....
khamalo

Wolke
....
badal

Nebel
....
muhi

Luftfeuchtigkeit
....
nemlime hava

Blitz

šemšekoja

Donner

šemšekosko čalavibe

Sturm

bura

Hagel

kijameti

Monsun

monsuni

Flut

baro pani

Eis

paho

Januar

Januaro

Februar

Februaro

März

Marto

April

Aprilo

Mai

Majo

Juni

Juno

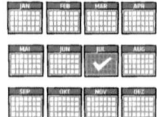

Juli

Julo

August

Augusto

September

Septembro

Oktober

Oktombro

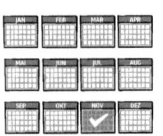

November

Novembro

Dezember

Dekembro

Formen

forme

Kreis

rota

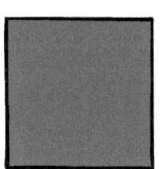

Quadrat

kvadrati

Rechteck

rektanglo

Dreieck

trianglo

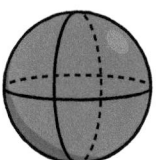

Kugel

sfera

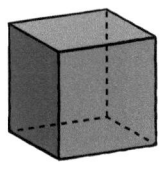

Würfel

kocka

weiß
....
parni

gelb
....
galbeno

orange
....
pomarandža

pink
....
roze

rot
....
loli

lila
....
lila

blau
....
vunato

grün
....
harjali

braun
....
kafeno

grau
....
kuršumlija

schwarz
....
kali

viel / wenig

but / hari

wütend / friedlich

holjame / mudro

hübsch / hässlich

šuži / bišuži

Anfang / Ende

starto / agor

groß / klein

baro / tikno

hell / dunkel

puterde bojako / phanle bojako

Bruder / Schwester

phral / phen

sauber / schmutzig

užo / melalo

vollständig / unvollständig

sahno / bisahno

Tag / Nacht

dive / rat

tot / lebendig

mulo / dživdo

breit / schmal

buvlo / tank

genießbar / ungenießbar

hala pe / na hala pe

böse / freundlich

džungalo / šukar

aufgeregt / gelangweilt

bare vogjea / bi vogjea

dick / dünn

thulo / kišlo

zuerst / zuletzt

avgo / paluno

Freund / Feind

amal / dušmani

voll / leer

pherdo / čučo

hart / weich

zoralo / kovlo

schwer / leicht

pharo / lokho

Hunger / Durst

bokh / truš

krank / gesund

nasvalo / sasto

illegal / legal

ilegalno / legalno

intelligent / dumm

godyaver / bigodyako

links / rechts

bajan / dahin

nah / fern

paše / dur

neu / gebraucht

nevo / purano

nichts / etwas

khanči / vareso

alt / jung

phuro / terno

an / aus

phabardo / ačhavdo

offen / geschlossen

puterdo / phanlo

leise / laut

mudro / bare avazeskoro

reich / arm

barvalo / čorolo

richtig / falsch

čačutno / došalo

rau / glatt

zoralo / kovlo

traurig / glücklich

mazuni / lošalo

kurz / lang

skurto / lungo

langsam / schnell

pohari / sigate

nass / trocken

sapano / šuko

warm / kühl

tato / šudro

Krieg / Frieden

mareba / sansari

0

null

zero

1

eins

jek

2

zwei

duj

3

drei

trin

4

vier

štar

5

fünf

panč

6

sechs

šov

7

sieben

efta

8

acht

ohto

9

neun

enja

10

zehn

deš

11

elf

dešujek

12

zwölf

dešuduj

13

dreizehn

dešutrin

14

vierzehn

dešuštar

15

fünfzehn

dešupanč

16

sechzehn

dešušov

17

siebzehn

dešefta

18

achtzehn

dešohto

19

neunzehn

dešenja

20

zwanzig

biš

100

hundert

šel

1.000

tausend

milja

1.000.000

million

milioni

Englisch

Anglicko

Amerikanisches Englisch

Americko Anglicko

Chinesisch Mandarin

Kinesko Mandarinsko

Hindi

Indisko

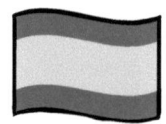

Spanisch

Špansko

Französisch

Francusko

Arabisch

Arapsko

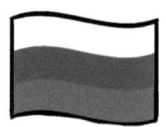

Russisch

Rusko

Portugiesisch

Portugalsko

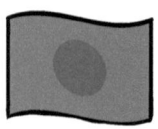

Bengalisch

Bengalsko

Deutsch

Nemicko

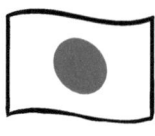

Japanisch

Japansko

ich

thaj

du

tu

er / sie / es

ov / oj

wir

amen

ihr

tumen

sie

ola

wer?

ko?

was?

so?

wie?

sar?

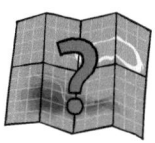

wo?

kote?

wann?

kana?

Name

anav

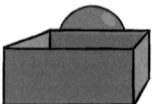

hinter
....
palal

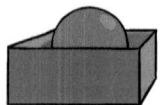

in
....
andre

vor
....
anglal o

über
....
upral

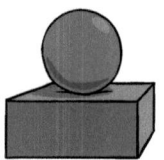

auf
....
an

unter
....
telal

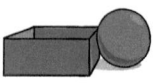

neben
....
trujal

zwischen
....
maškaral

Ort
....
than